Thésée et le Minotaure

Athéna
Aphrodite

Zeus
Hermès
Dionysos
Poséidon

Pour Daniel J. Valade, amicalement.

Christine Palluy

Pour mes loups.

Élodie Nouhen

Adaptation de Christine Palluy
Illustrations d'Élodie Nouhen

Thésée et le Minotaure

MILAN

Un matin, Thésée, le jeune fils du roi Égée, se promène seul dans les rues d'Athènes. Soudain, il entend des cris sur le port. Des hommes hissent tristement la voile noire d'un bateau tandis que des femmes en pleurs embrassent leurs enfants. Thésée écoute leurs plaintes et rentre au palais.

« Père, dit-il en arrivant. En ville, on dit que des adolescents tirés au sort vont être dévorés par un monstre ! »

Égée, accablé sur son trône, lève à peine la tête.

« Hélas, murmure le vieux roi, ils disent la vérité. Nous envoyons quatorze de nos enfants en Crète. Ils seront jetés en pâture au Minotaure, une créature mi-homme mi-taureau. »

D'une voix teintée de colère, Égée s'explique. Des années plus tôt, Minos, le roi de Crète, lui a confié pour quelques jours Androgée, son fils préféré. Mais Androgée est mort lors d'une partie de chasse.

« C'était un accident, continue Égée en regardant son fils, mais Minos ne veut rien savoir ! Depuis, pour se venger, il exige que, chaque année, Athènes lui livre sept jeunes filles et sept jeunes gens. Ces pauvres enfants sont enfermés dans un labyrinthe avec le Minotaure. Incapables de retrouver la sortie, ils finissent dans la gueule du monstre.
– Pourquoi obéissez-vous ? s'irrite Thésée. Vous n'avez qu'à refuser ! »
Égée soupire :
« Minos enverrait alors sa puissante armée et raserait notre ville ! Mieux vaut quatorze victimes que des morts par milliers... »

Thésée est indigné. À seize ans, il est déjà célèbre pour son courage, sa force et son intelligence. Il marche de long en large devant le trône de son père.
Soudain il s'exclame :
« Je ne peux pas supporter que des innocents meurent ainsi ! Je pars avec eux et j'affronterai le Minotaure ! »

Égée devient très pâle.

« Il n'en est pas question ! crie-t-il. Même si tu parvenais à le tuer, tu ne pourrais jamais ressortir du Labyrinthe ! Il compte des couloirs et des escaliers par centaines. Tu mourrais de faim ou de soif, et je perdrais le fils qui doit me succéder !

– Père, répond doucement Thésée, ma décision est prise. Je dois tenter de nous libérer. Athènes ne peut continuer à vivre dans la peur et l'injustice ! »

Égée comprend qu'il doit céder.
Il serre son fils dans ses bras.
« Puisque je ne peux pas te retenir, dit-il,
je veux être le premier ici à clamer ta victoire.
Avant de reprendre la mer pour Athènes,
change la voile noire de ton bateau pour
une blanche. Tous les matins, je me rendrai sur
la falaise et je guetterai ton retour. Si à l'horizon
ton navire éclate de blancheur, je saurai que
tu es vivant ; s'il est aussi noir que la mort, alors
je pleurerai parce que nos marins seront rentrés
sans toi. »

Quelques jours plus tard, Thésée et ses treize compagnons débarquent en Crète. Parmi les curieux venus voir les prisonniers, il y a Ariane, la fille du roi Minos. Au milieu du groupe, la jeune femme aperçoit Thésée, et aussitôt son cœur bat plus fort.

Ce garçon a l'élégance des princes
et le regard des héros !
Elle apprend qu'il est fils de roi et qu'il
s'est porté volontaire pour sauver son peuple.
La princesse amoureuse ne sait que faire :
admirer Thésée et le perdre ou chercher
à le sauver ? Elle bouscule la foule
et court soudain vers son palais :
elle vient d'avoir une idée.

À présent, Ariane attend devant le Labyrinthe. Dans sa main, elle tient, bien serrée, une pelote de fil. Elle voit au loin les quatorze Athéniens arriver, lents et silencieux. Quand Thésée passe devant elle, la princesse l'attire en cachette des gardes.
« Je connais le moyen de sortir de cette prison ! murmure-t-elle. Je t'aiderai si tu m'emmènes à Athènes pour m'épouser ! »
Thésée est stupéfait.
Quelle est cette belle inconnue qui propose de le sauver ?
Sous le charme, il promet, écoute les conseils d'Ariane et emporte le fil dans le Labyrinthe.

La lourde porte du Labyrinthe vient de se refermer sur les quatorze jeunes gens. Au loin, les mugissements du Minotaure sont effroyables. Le monstre a senti l'odeur de la chair humaine. Il est affamé. Thésée attache le fil à la porte et prend la parole :

« Je pars à la rencontre du Minotaure et je vais le tuer.

– Tu ne retrouveras jamais ton chemin, et nous allons mourir ! lance un jeune homme. Regarde, cette prison est pleine de pièges ! »

Avec calme, Thésée répond :

« Si vous me faites confiance, nous sortirons vivants d'ici ! Je vais m'enfoncer dans le Labyrinthe en déroulant ce fil derrière moi. Veillez à ce que jamais il ne se détache de la porte ! »

Thésée choisit un couloir parmi les dix qui s'offrent à lui. À pas prudents, il se guide au son des meuglements monstrueux. Il grimpe des escaliers, redescend, emprunte de multiples passages. Soudain, dans une grande pièce percée de sept portes, Thésée entend une respiration. Il se retourne, rapide comme l'éclair. Effrayant avec ses jambes d'homme et sa tête de taureau, le Minotaure est à deux mètres de lui. Thésée lâche la pelote de fil et bondit. Surpris, le Minotaure recule. L'homme fait tomber le monstre et, après une lutte acharnée, Thésée assomme le Minotaure. De toutes ses forces, de toute sa volonté et de tout son espoir, il continue à le frapper. Quand le héros se relève, le Minotaure est mort.

Alors, grâce au fil d'Ariane, Thésée parcourt le chemin inverse sans difficulté. Il crie à ses compagnons que c'en est fini de leur peur, qu'Athènes est libérée ! Il les rejoint, et, ensemble, ils sortent enfin : la belle Ariane leur a ouvert la porte.
La nuit est déjà tombée quand les quinze jeunes gens regagnent le port, légers et heureux. En tête du groupe, Thésée tient Ariane par la main. Personne ne voit leur navire quitter la Crète.

Cependant, en route, une terrible tempête se lève et les Athéniens doivent accoster d'urgence dans l'île de Naxos. Ariane, épuisée par le mal de mer, descend du bateau et s'endort.
Lorsqu'elle rouvre les yeux, la princesse est seule sur l'île.
Au large, le vent violent a entraîné le navire de Thésée, et, incapables de faire demi-tour, les marins ont continué leur route.

Thésée s'est promis de revenir chercher Ariane, mais il est triste et inquiet. Il imagine les dangers que la princesse court seule sur cette île. Il ne pense qu'à sa belle amoureuse et finit par oublier la promesse qu'il a faite à Égée.

Tous les jours, depuis le départ de Thésée, le vieux roi est allé guetter les bateaux du haut de la falaise.
Ce matin-là, il reconnaît enfin le navire de son fils.
Égée frémit, la couleur de la voile paraît sombre.
Il regarde mieux : puisqu'elle est noire, il croit que Thésée est mort.
Désespéré, le vieil homme se jette dans les vagues.
Depuis, la mer qui l'a englouti s'appelle la mer Égée.

Ainsi, ce jour de victoire s'est transformé en jour de deuil, et, tristement, Thésée accepte de régner à la place de son père.

En quelques années, Athènes devient, grâce à Thésée, la ville la plus heureuse et la plus juste de toute la Grèce.

LA RENCONTRE DU PÈRE ET DU FILS

Égée, le jeune roi d'Athènes, et Aethra, princesse d'une contrée lointaine, se rencontrent et tombent aussitôt amoureux. Bientôt Égée doit rentrer chez lui, mais Aethra attend un enfant. Avant de partir, il indique à la princesse un rocher derrière lequel il a caché son épée et ses sandales.
« Si nous avons un fils, ne lui dis pas qui je suis. Lorsqu'il sera assez fort pour déplacer ce rocher, il chaussera mes sandales et prendra mon épée. Alors seulement il pourra me rejoindre à Athènes. »

Seize ans plus tard, après un voyage semé d'aventures et de dangers, Thésée se présente chez son père. Il a vaincu de nombreux brigands et s'est forgé une excellente réputation à Athènes. Égée, heureux de reconnaître en Thésée un fils courageux et fort, lui ouvre grand son palais et sa ville.

QUI EST LE MINOTAURE ?

Poséidon, le dieu de la mer, a fait sortir des vagues un magnifique taureau blanc afin que Minos, le roi de Crète, le lui offre en sacrifice. Mais, devant la beauté du taureau, Minos hésite et le garde pour lui. Furieux, Poséidon se venge : l'épouse de Minos, Pasiphaé, donne bientôt naissance à un monstre mi-homme mi-taureau.
Déshonoré, le roi Minos ordonne à l'architecte Dédale de construire une prison d'où jamais personne ne pourra s'échapper. Dès que le Labyrinthe est prêt, Minos y enferme le Minotaure.

QU'EST DEVENUE ARIANE ?

Le dieu Dionysos découvre la princesse abandonnée sur l'île. Il la trouve si belle et si triste qu'il l'emmène et l'épouse devant une assemblée de dieux. Il lui offre une couronne d'or qui, accrochée au ciel, devient une constellation d'étoiles. Lorsque les amis de Thésée reviennent chercher Ariane, elle a disparu. Elle vit parmi les dieux en pensant que son beau héros l'a abandonnée.

Suivre le fil d'Ariane :
Cette expression est souvent utilisée. Elle signifie « suivre une suite d'indices pour sortir d'une situation compliquée ».

Le Coffre à histoires

Des livres pour toute la famille

Dès 3 ans

Dès 5 ans

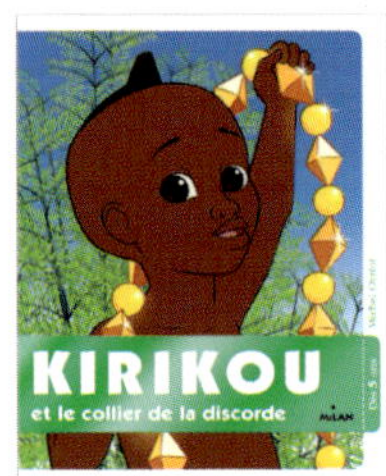

Dès 7 ans

300, rue Léon-Joulin, 31101 Toulouse Cedex 9, France.

Loi 49.956 du 16 juillet 1949 sur les publications destinées à la jeunesse.
Dépôt légal : 1er trimestre 2013.
ISBN : 978-2-7459-6214-0.
Imprimé en Espagne par Unigraf.